AF578242

www.ingramcontent.com/pod-product-compliance
Lightning Source LLC
LaVergne TN
LVHW041110150826
845673LV00007B/1998

* 9 7 8 9 9 4 8 7 6 0 4 0 5 *

في بالِ البحر

شعر

عضيب عضيبات

في بالِ البحر

شعر

إصدارات دائرة الثقافة، حكومة الشارقة 2024 م

الناشر: دائرة الثقافة - حكومة الشارقة - الإمارات العربية المتحدة
الهاتف: 5123333 6 971+
البرّاق: 5123303 6 971+
الموقع الإليكتروني: www.sdc.gov.ae
البريد الإليكتروني: sdc@sdc.gov.ae

الطبعة الأولى 2024

811.9568
ع ع. ف عضيبات، عضيب
في بال البحر/عضيب عضيبات.- الشارقة، الإمارات العربية المتحدة : دائرة الثقافة، 2024.
120ص. ؛ 21X14 سم.
1. الشعر العربي – الأردن – دواوين وقصائد
أ. العنوان

ISBN: 978-9948-760-405

والبحر لا يميّزُني، وأشْبهُهُ كَوني لا أعرفُه جيّداً..
ولكنّي أتوقّعُ ما يدورُ في بالِه وأنا أحدّقُ فيه.

في حضرة الفكرة

فِكْرتــي مســتعدّةٌ وبدونــي
أنْ تُســاوي بالشــكِّ فعــلَ اليقيــنِ
حَيَّرتْنــي! لا بُــدّ مــن خلــلٍ إذْ
ليــسَ حُلْمــاً وقــد فَرَكْــتُ جفونِـي
كلُّ هــذا لأنّنــي كنــتُ حُــرّاً
تــاركاً همّتــي بقــاعِ الســكونِ
كائنــاً حيّــاً مثــلَ نهــرٍ حكيــمٍ
جنّنتْــهُ الظنــونُ تلــوَ الظنــونِ
كنــتُ نهــراً لكنّهــا تَرَكَتْنِــي
كــدْتُ مــن رِيبتــي أقــولُ خُذِينِي
خيّبَــتْ ظنّــي فكرتــي غيــرَ أنّــي
شــاعرٌ أنّ خيبتــي مِــن جنونــي

فكرتـــي تجعـل الخيــالَ غنيّــاً

تتــركُ الأُفْــقَ غارقــاً فــي الديونِ

وتــرى أنِّــي شُــعْبةٌ مــن طريــقٍ

عَبَّدَتْهــا علــى مَقــاسِ الحنيــنِ

كلُّ هــذا.. نعــمْ.. لأنّــيَ حُــرٌّ

فــوقَ ما فــي حريّتي من ســجونِ

فوقَ مــا في الشِّــعْرِ الــذي يتغذَّى

مِن جفافــي فصوتِ مائــي فَطِينِي

فــوقَ أنّــي مســتيقِظٌ دون نــومٍ

فــوقَ ليــلٍ مُعَــكّــرٍ فَحَــزِيــنِ

فوقَ تخريبِ منزلِي سـمَّمُوا حقْـ

ـلِـي فقَمحِـي فبَيْـدَرِي فَعَجِينـي

فـوقَ هـذا وذاكَ يعتـرفُ النهْـــ

ـــرُ بأنِّــي أصُـبٌّ مـاءَ عُيونِــي

وبأنِّــي فــي الأصــلِ ضفّــةُ نهـرٍ

فَمَصــبٌّ مـن قسـوةٍ وشُـجونِ

فكـرتــي حـلـوةٌ.. أُقبّلُهـا رغْـ

ـــمَ أنــوفِ الذيــن قـدْ سَـرَقُوني

فتَعالــيْ لأنّ مملكتِـي ليْـــ

ـــستْ بخيرٍ.. مُصابةٌ في الحصونِ

إيقاع الوهم

أريـدُ وليـس مضطـرّاً مُلِحَّـا
إذا مـا اعتَـلَّ ذهنِـي أن يصِحَّـا
لعلِّـي واهـمٌ والوهـمُ أنِّـي
أفِـرُّ مـن القصيـدةِ حيـن تُوحـى
تُفهِّمُـكِ القصائـدُ عجـزَ روحِـي
وهـنّ العاديـاتُ إليـك ضبْحَـا
ولـي أمـلٌ بـأنّ الوهـمَ مِنِّـي
وليـس عليـكِ حين يصيـرُ جُرحَا
دعِينـي هكـذا خسـرانَ روحِـي
وحسْـبي أنّ لِـي قوسـاً ورُمحَـا

هما بالقــرب من جســدي شَــهيدَا

نِ مثلــي يَحســبَانِ القبــرَ فَتْحَــا

إلــى أنْ تُؤمِنِــي بِــدمِ اعترافِــي

يَطــولُ الأمــرُ تفصيــلاً وشــرحَا

مِن قلّة الموت

على سيرةِ الموتِ هذي حياتُـــ

ــكَ يا ابنَ الدوائرِ وابنَ الزوايَا

تُعانِي من الفقْدِ ما ظلَّ شـــيءٌ

من الأمسِ غير اختلافِ النوايَا

تــكادُ تفوتُــكَ قافلــةٌ صَــوْ

بَ مــا فيــه حَلٌّ لــكلِّ القضايَا

ومــا لَكَ والحلّ؟ منذُ متى نَقْـــ

ــبَلُ الحَسَناتِ ونَرجُو الهدايَا

هنــاكَ قصائدُ مشــروعةٌ حَرَّ

مَتْهــا علــى مَنطِقِــي شَــفَتايَا

لقـد خلّفـوكَ لتصْفَـحَ عنهـا

لقـاءَ الـذي اقترفتْـهُ يدايَـا

ألسْـتَ مِـن المتعَبيـنَ؟ تذكّرْ

تُ كنتَ معِي فِي جميعِ المرايَا

تركْتُـكَ كي أَترقّـى إلى رُتْـ

ـبَةٍ حازَها المُتعَبُونَ الضّحايَا

ونصّبْتَنـي مَنْصبـاً يتمنّـا

هُ كلُّ الذيـنَ رأَوْا مُحتوايَـا

على سيرةِ الموتِ عفواً فَسِيرَ

تُهُ رِيشـةٌ في مهـبِّ الخطايَا

وأنــتَ خطيئــةُ قلبِي وحسْبُــ

ــــكَ أنّكَ أثبــتَّ لِي مُســتوايَا

كَفَافِــي جناحــايَ لكنّنِــي قَــ

ــــلِقٌ مِن نفوذِ الطيورِ العرايَا

ورُوحــي فتيــلٌ تجاهلْتُــهُ وَ

لِذلــكِ أبــدو كثيــرَ الشَّــظايَا

على سيرةِ الموتِ ظلّتْ ورائِي

مُسَــوَّدَةٌ لــمْ تُناســبْ هوَايَــا

أَتَعرِفُ ما الشِّعرُ؟ خُذْها وخُذْرَا

حَتِي ضعْهُما في ملفِّ السّبَايَا

إذا مِــتُّ أكثِــرْ زِيَــارةَ أُمِّــي

تَجِـدْ أنّنِــي كامــنٌ فــي البقايَا

وخــذْ موعــداً من أبِــي وتعلَّمْ

طريقةَ أنْ تجعــلَ الحُزنَ نايَا

قَــدِ ارْتفَعَــتْ مَعْنويّــةُ حُزنِي

وفرّقْــتُ حَلوَى نفَــاذِ الوصَايَا

على سيرةِ الموتِ مِن قلّةِ المَوْ

تِ أكتبُ شِــعْراً وأُلقي عَصَايَا

دفـاع

لـمْ يشـربَا شـيئاً ومَا سَـكِرَا
يـسـتـغـفـرانِ اللّهَ مـا ذُكِـرَا
فعَلَيْهمـا منِّي السـلامُ ويُصْـ
ـبِحُ ظنِّيَ السّـكرانُ مُعتذِرَا
لا بُـدّ، للعشّـاقِ خمرتُهُـمْ
غيـرُ التي اعتدْنا بها السَّـهَرَا
هـذا صحيـحٌ غيـرُ مسْـتَتِرٍ
بِخـلافِ أنّهمـا قـدِ اسْـتَتَرَا
لـكنّـه الـحـبُّ الـذي يَـتَـبـرَّ
عُ بالخيـالِ ويُنْتِـجُ الصُّـوَرَا

كلُّ الـذي يَتَنافَســانِ عليْـــ

ـــهِ من البلاهَةِ مُمْكِنٌ وَيُرَى

لمْ يشْــرَبَا شــيئاً وقــد فَرِغتْ

كأسٌ لأنّ الشـــيءَ قــد سَــكِرَا

الوقوف في وجه القصيدة

لأنــــكَ لازمٌ ظـــنُّـــوكَ وقــتَــا
وكَوْنَــكَ لــم تَبُـــحْ ســمّوكَ صمْتَــا
وكونَــكَ نبــرةً مــن ألــفِ صــوتٍ
فــعـــاديٌّ إذا دهـــــراً سَــكَــتَّــا
لأنِّـــــي واثـــــقٌ أنّ الــــذي فيـــ
ـــكَ خلفَ الصّمْتِ قد أصغى فأفْتى
وهَــا إنِّــي أعــبّــرُ عــن مــزاجِــي
على الــمــرآةِ حيــثُ أنــا وأنْــتَــا
تُــبــاعِــدُ بــيـنَـنـا الــمــرآةُ نــبـدُو:
كــأنِّــي كــنــتُ مُــرتــدّاً فَــتُــبْــتَــا

وأســـألُ كيــف لـــي شِـــعْرٌ كثيــرٌ
وعــن أيّ الــمــرايــا قــد تَــأتّــى
ومــا أصــلُ القصائدِ قبلَ أنْ تسْــــ
ــتَــوي بِعِظامِنــا نَفْــراً ونَحْتَــا
تُــوَحِّــدُنــا فيُـشـبِـهُـنـا كلانـا
وتَمضـــي فــي مهــبِّ الريحِ شَــتّى
قصــائـدُنــا الــتـي حَــزِنَــتْ علينا
وجــدْنــاهــا تــفُــتُّ الـقـلـبَ فَـتّــا
ولــوْ آخيْــنَــنــا بـــدلاً مــن الــحُــزْ
نِ مــا ضيّــعْــنَــنــا أُخـتـاً فـأُخـتَـا

تَـغـيّـرَ كـلُّ شــيءٍ كــان أَوْلَــى

بـنَـا ألَّا نُـضـيِّـعَ فـيـهِ وقْـتَـا

أنـا -مَـثَـلاً- أنـا.. لـكنّـني لمْ

أعُـدْ -يـا آخَـرِي المنعـوتَ- نَعْتَا

فَقَـدْتُ الوقتَ من طُـول انتظارِي

نصيبَـكَ فـوقَ مـا منّـي فَقَدْتَـا

لأنّـــكَ نـسـخـةٌ مـنِّـي وكَـوْنـي

أُحبُّـكَ فابْـقَ حيّـاً مـا اسْـتَطعْتَا

شـبهات

"لسْنا صغيريْنِ" قالتْ "ليتنا" قلْتُ

علـى الأقـلّ لأنِّـي قـد تمنّيْـتُ

علاقتِـي بالتمنِّـي غيـرُ واضحَـةٍ

خلافَ أمنيّتـي في الحـبِّ صلّيْتُ

أنـا كذلـكَ لِـي قـومٌ يشـاغلُهمْ

معنَى الطريـقِ ولا يعنيهِـمُ البيْتُ

وهكـذا الشـعراءُ القائلـونَ بـأنْ:

لا رأيَ للقبـرِ فـي مَـا قـدّمَ الميْتُ

وأنـتِ آمنْـتِ بِـي سَـوّيْتِنِي لُغَـةً

مبنـايَ كنـتِ إذا يومـاً تداعيْـتُ

مــاذا تغيّــرَ لا شــيءٌ تغيّــرَ يَبْــــ

ــقَى الماءُ ماءً ولو ما وافقَ الزّيْتُ

عفَوْتُ عنكِ وأقســى مــا يضايقُنِي

أنِّــي توقّعْــتُ لكــنْ مــا تَقَصّيْــتُ

لســنا صغيريْــنِ لكنَّ الــذي وَقَعَتْ

في رأسِــه الفأسُ قدْ يحلُو له المَوْتُ

مــاذا أقــولُ إذنْ لو صــارَ يعجبُنِي

عُـمْـرِي بـدونِـكِ أو أنِّـي تخلّيْتُ

لا قــدّرَ اللهُ هــذا الهــذْيَ إنّ فمِــي

يســتغـفـرُ اللهَ إذْ إنِّــي تـمـاديْـتُ

إنّـا صغيـرانِ مـا زالـتْ طفولتُنا

متاحـةً مثلَنـا مـا فاتَهـا الفَـوْتُ

فلْتَقْرَئِينـي كمـا فـي أمسِـنا وإذا

تـاهَ البيـانُ بعيـداً يُبـدِعُ الصّوْتُ

آيتان

جنّتا عشقٍ.. ليسَتا تنفَدانِ

لن أُجارى ما دام لي جنّتانِ

وأنا مَنْ أنا على حدّ علمِي

هذهِ ساعتي وتلكَ مكانِي

وهُما: طفلةٌ إلى أمِّها تشْـ

ـكُو فيَشكُو إليَّ ما تشكُوَانِ

كلُّ ما قالتَا وما لمْ تقولا

يُطلِقُ القلبَ في سُهوب البيانِ

نعشقُ المعنى ثمَّ لا نتعدّى

كونَنا ريشةً بوجه المعانِي

حين تشكُو ابنتِي يذوب فؤادِي

يـتـجلّـى لـهـا مــن الــذَّوَبَــانِ

ما أُحيْلَاهما! تزُجّانِ بي في الشَّـــ

ـــوْقِ عــمــداً وفــجــأةً تــأتــيَــانِ

وهُمَا شِعرِي أمُّها فكرتِي عنْـــ

ــهُ وما فكرتِي بِدونِ لِسانِي؟!

رغم ما في التاريخِ من سَقَطاتٍ

تَرْفعـانِ الرّهــانَ حتَّــى الأمانِــي

والأمـانــي -أسـتـغـفرُ اللهَ- تـبـدو

فــي زحــامٍ من أجـلِ هـذا الرّهانِ

كـانَـتـا آيـتـيْـنِ.. كـنْـتُ صَـفِـيّـاً

داعـيـاً ألّا تُـهْـجَـرَ الآيـتـانِ

كـلُّ شـيءٍ هُـمـا وأجـمـلُ شـيْءٍ

أنّ كـلـتـيْـهـمـا مـعـاً تُـتـلـيَـانِ

الخطوتان

تنسَـيْنَ إذْ تتذكّريـنَ وتترُكِيـــــ

ـــنَ رســالةً في سُـبّتي وعتابِي

طالَ السؤالُ وقد أكونُ علامةَ التَّــ

ـــرْقِيـمِ لكنِّـي فقـدْتُ صوابِــي

وأنــا رضيتُ بأنْ أُسَــبَّ وأنْ أُعا

تَــبَ طالمــا وُفِّقْتِ في الأســبابِ

لكنّنــي لا أســتريحُ بــدون عيْــــ

ـــنَيْـكِ اللتيْــنِ تُرتّبــانِ جوابِــي

علّمْــتُ طلّابــي وراءَ خيالِهـمْ

وأمــامَ بابِكِ صرْتُ مــن طلّابِي

إنّــي هنــا في البــابِ قــطٌّ ضائعٌ
قُومِي افتحِي لِــي أجملَ الأبوابِ
لِــي حاجةٌ فــي البيتِ يبــدو أنّها
وقعَتْ هنــا وأنا علــى أعصابِي
عينــاكِ آخِــرُ خطوتينِ لكــيْ يَفُو
زَ مُقامــرٌ مــن دون أيِّ حســابِ
يَرضَــى عليــكِ اللهُ كيــف فعلْتِها
لمّــا وصلْــتُ تركْتِنِي فــي البابِ

سـامحْتـُه

"لسنا صغيرينِ" هذا رأيُكِ الجاني

سـامحْتُهُ وأرى أنّـا صغيـرانِ

هـا نحن نجهـلُ ما لا بُـدّ منهُ لنا

ونفعـلُ الشـيءَ لكـنْ دونَ إتقانِ

شـرطُ الطفولةِ أنّ الطفلَ مُؤْتَمَنٌ

على الخيالِ وحـرٌّ خلفَ قُضبانِ

ما دام يمكنُ أنْ نبكِي لنضحكَ هَـ

ـكذا بدونِ عنـاقٍ نحـنُ حُرّانِ

يا ربّةَ الشِّـعرِ يا أحلـى قصائدِهِ

ورحلةَ القلـبِ حتّى بيتِـه الثانِي

ما المانعُ اليـومَ! ما مِنْ مانعٍ أبداً

إنِ اهْـتـديْنـا وإنْ تُـهنـا فَسِـيّانِ

من جماليّات الهروب

كلُّ الفضــاءِ ومــا أزالُ مُســيَّجَا
قفصــاً لعصفوريــنِ لــمْ يتزوّجَا
مِنْ حيثُ إنّ الضوءَ يخفتُ بارداً
والعتــمَ مأخــوذٌ بــأنْ يتوهّجَــا
حيــث البــكاءُ يكــونُ حــلاًّ نافعاً
والهدْهَــداتُ تكونُ أمــراً مزعِجَا
كلُّ الفضــاءِ على اتّســاعِ دروبِهِ
لــمْ يُعطِنــي إلّا ممــرّاً أعوَجَــا
حتّــى وجدْتُكِ لمْ يكــنْ قلبِي معِي
وأنــا الــذي جاهــدْتُ ألّا يخْرُجَا

مِــنْ أيــنَ آتينـــا بـــه؟ ولْنفترضْ
قد عادَ حقّاً.. هــل يُقالُ: لقد نجَا!
لا تنظــري لـــي هكذا مــاذا عليَّ
إذا لقيــتُ مــن المتاهــةِ مَخرجَا
وإذا اختلفْــتُ فهل تُعَــدُّ خطيئةً؟
مَــنْ يَمنــعُ الأمــواجَ أنْ تتموّجَا؟
لـــي منكِ ما لكِ مِنْ نصيبِ خيالِنا
فتجــاوَزِي عنِّي وكُونـــي مَنهجَا
وإذا ذكرْتُكِ في حصار قصيدتِي
فلأجـلِ أنْ أعلُــو وأنْ أتدرّجَــا

دارتْ علينا

عيـنـاكِ آخـذتـانِ بالتَّعَبِ
بهما يزولُ عن الهوى عتَبِي
لا حـظَّ يجمعنـا بـلا حسـدٍ
وأنا الـذي ينمو على الهَرَبِ
تـتفتّحـانِ كـأنّ حولَهمـا
عدْماً يُساوِمُنِي على غضَبِي
تدعوهمـا فـي البيـتِ نافذةٌ
وتـكاد تنطقُ لحظـةَ الطّلَبِ
البـردُ يحملُنـي إليـكِ سُـلا
لَاتٍ وأنسـاباً مـن الحَطَـبِ

هــلَّا نظرتِ إلــيَّ؟ يُحرجُني
هذا النشــازُ على فمِ الطَّرَبِ
لــكِ خطوةٌ قيســتْ على لغةٍ
منّي ومِنْ شِعري ومِنْ أدبِي
"يا جارةَ الــوادي" وحارتُنا
دارتْ علينا في رحَى السَّبَبِ
فبــأيِّ ذنــبٍ كان ينقصُنــا
تبّتْ يــدا جاري أبــي لَهَبِ!

سيرة مرضيّة

أَترْكضيـنَ وقلبـي لمْ يـزلْ يحبُو؟

يـا آخِرَ الحبِّ هل هـذا هو الحبُّ؟

مـا كنتُ أعرفُ في ما كنتُ أعرفُهُ

أنّـا مريضـانِ مهما حـاولَ الطِّبُّ

مُصِـرَّةٌ أنـتِ تشـتدّينَ مُسْـرِعَةً

غُفرانَ ظِلِّكِ.. يُلغِي خطْوَتِي الذّنْبُ

أودى بنـا الظِّـلُّ لكنْ ظَـلَّ يَجمعُنا

أنّـي وجدْتُكِ حيثُ المُمْكنُ الصّعْبُ

هـذا هـو الحـبُّ إذْ نهجـو نهايتَهُ

حتّـى إذا ضـاقَ قُلْنـا: إنّـه رَحْبُ

أتركضيــنَ؟ لنــا قلبــانِ هَمُّهُمــا
أن نَقْطعَ الدربَ أو أنْ يَنْقُصَ الدّرْبُ
لا فــرقَ هــذا بــلا عينيْــه مُنْطَلِقٌ
يَــسّــابــقــانِ وهـــذا قــلــبُــهُ يحبُو
لــمْ تفهمِــي وأنــا بالــكادِ أفهمُنــي
يَسْــتوجِبُ الحُــبُّ ألّا يَفْهَــمَ القلْبُ

خاطِرُ المرآة

ها أنتَ مثلِي -يا فديتُكَ- لَسْـــ
ـــتَ مُخيَّـراً ويقودُكَ الشّــلَلُ
باقٍ علــى ما أنتَ فيــهِ وتَحْـ
ـتَكِـرُ الإجابــةَ كلَّمَــا ســألُوا
معَ أنهمْ ســمِعُوكَ ما اسْتَمَعُوا
ما صفّقوا ويجوزُ مــا انْفَعَلُوا
ها أنــتَ لولا اسْــمِي وغربتُهُ
مثْلــي تمامــاً؛ لســتَ تُحتَمــلُ
فَلِــمَ المَلامةُ؟ حين أكسِــرُ خَا
طِــرَ هذه المــرآةِ مــا الخللُ؟

إنّــي نظــرتُ إلــيّ ذاتَ عَمىً

فَبَــدَا أمامِــي الهيّــنُ الجَلَــلُ

وبدوْتُ لِي لا شــيءَ ينقصُني

وكأنّنــي مــأوَى مَــنِ اكتمَلُوا

يا صــاحِ أنــتَ أنــا وحصّتُنا

في الأرضِ محكمــةٌ ومُعتَقَلُ

فانظُــرْ تَــرَ الأعــداءَ يأْتَمِرُو

نَ بنــا ونفعــلْ وفقَ مــا فَعَلوا

وانظرْ لنفســكِ لســتَ مختلِفاً

راضٍ بمــا يتمخّــضُ الجَبَــلُ

وأنــا كذلــك كلَّمَــا انســحبتْ

منِّــي الوصايةُ قلتُ: ما العَمَلُ

قـد تـسـقـطُ الـدنـيـا برمّتِها

فوقِــي وقــد يَتَظــارَفُ المَلَلُ

لـكـنّـنِـي لـــلآنَ مـبـتـسِـمٌ

هــذا إلــى أنْ يبطُــلَ الأمَــلُ

محاسن النّدم

مـا عـاد مُـنْـتَـبِـهـاً إلـيّ الـمُـعْـجَـمُ
وكـــأنّ مــفــردةً بـــهِ تـتـحـكّـمُ
أَظَـنَـنْـتِـنـي مَـشّـيْـتُـهـا؟ أبــداً.. فقدْ
عـاتـبْـتُـهُ وتــركْــتُــهُ يَـتَـلَـعْـثَـمُ
مـــاذا فـعـلْـتُ لـكـيْ تـنـامِـي مـرّةً
في العمر من دونـي ومثِلي يحلُمُ؟
مـاذا فعلْتُ وأنـتِ في سَكَرات هَـ
ـذَا الحـبّ ترتاحيـن فيمـا يَألَـمُ؟
إنّي فـعـلتُ جـميعَ مـا سيُريحُ قلْـ
ـبِـي.. أَجْـلَ أنّي حيـنَ لا.. قـد أنْدَمُ

عُدِّي معِي: لُغَتي وبعض الناسِ ممَّـــ
ـــنْ حَلّلــوا لغتــي وممَّـــن حَرّمُــوا
وقصائــدِي الأُولـــى التـــي حرّرْتُهـــا
وأســـرْتُــهـــا بِــلُـــزومِ مـــا لا يَـــلْـــزَمُ
رُوحي اسْألِي الشُّعَراءَ عن حزنِي.. أنَا
والـــحــــزنُ متّــهمـان أنّـــا تـــوْأَمُ
وإذا أردْتِ فحـاوِلــي أنْ تحزَنِي
سَــتَــرَيْــنَ كـمْ هُــوَ واثِــقٌ ومُـعَـظَّـمُ
لا يـتـبَـعُ الـشّــعـراءَ يمشي وحــدَهُ
كــي لا يُــقــالَ مُــكَــرَّرٌ ومـتـرجَـمُ

مـاذا يصيرُ إذا جعلْتِ الشّعْرَ يعْـ

ــرُجُ فـي رُؤايَ لعلّها تَتَقـوَّمُ

أنـا شاعِرٌ في اللّيلِ هل مِنْ شُبْهةٍ

لـو قيـلَ إنِّـي فـي الـنّـهـارِ مُـعَـلِّـمُ

قلبِي على عينيْكِ وحْدَهُما وضَيَّـ

ـعَـتـاهُ مـنّـي لا لـشـيءٍ يُـعْـلَـمُ

قـضّـى حيـاتَـهـمـا لـيـرسُـمَ نجمَةً

ويَـضُـمَّـهـا فقضى عليه الـمَـرْسَـمُ

هــذِي أنــايَ تـرَيْـنَـهـا مـوضـوعـةً

وإذا اسْـتَوَتْ والغيـمَ لا تـتضـخَّـمُ

أَوَ ليـسَ لِـي فـي هـذه الدُّنيـا نصِيـ
ـــبٌ عابرٌ -من خاطِرِي- ويُسلِّمُ؟
لـولاكِ داليتـي لما سيَّبْتُ أعْـ
ـصَابِـي وأعـرفُ أنّهـا لا ترحَـمُ
وأنـا الـذي.. مـاذا فعلتُ؟ تصرُّفَا
تِـي كلُّها عِـنـبٌ وأنـتِ الموسِمُ
لَـكِ معبدٌ في البـالِ روحُـكِ فكرةٌ
قـدّيـسـةٌ لـكـنّ جـسـمَكِ مَـأْثَـمُ
واللهِ.. ثـمـةَ مَـنْ رآنـي مرّتـيْـ
ـنِ أحـومُ حـولَ الجُحْرِ لا أتعلّمُ

وأقــولُ شِـعْـراً -أو كما قالوا- وأرْ

سُـــمُ لـلـمـجـازِ حُـــدودَهُ فَـيُـعـوَّمُ

يــا آخِــرَ العُنقــود أو يــا أوّلَ الْــ

ـعُنقــودِ.. ذلــك أنّ قلبِــي حِصــرِمُ

قصّرْتُ في الأوصــافِ كنْتُ أظنُّها

مــعــدودةً وأنـــا الـــذي أتَـــوهَّــمُ

رُوحـــي اسأليهمْ إنّـنـي مَـثَـلُ الـذي

قـــالَ الــغــزاةُ بـأنّـهـم لـن يُـهـزَمُـوا

وأنـــا كـذلـكَ بـالـفـمِ الـمـلآنِ قلْـــ

ـــتُ كأنّ هذا الشَّيءَ في وجْهِي فَمُ

وَعَلَيْهِ يبدو أنّني بالغْتُ في الْـ
ـــأَمجادِ حتّى أنّني أسْتسْلمُ
كنتُ الوحيدَ إذا بُليتِ بألسنٍ
مَرضَى يُقَطِّرُ من يديَّ البلسمُ
يتَقاسمونَكِ ثُمّ تجتمعينَ بِي
ما دامَ أنِّي غاضبٌ مُتَفهِّمُ
ماذا فعلْتُ؟ وكيفَ يمكنُ أنْ تُحبِّـ
ـينِي؟ وقُولي كيف لا أسْتَفْهِمُ؟
قلبِي على عينيكِ وحدَهما فلا
نامتْ عيونُ الكائناتِ النُوَّمُ

وإذا سمحتِ أُريدُ آخِرَ فرصةٍ

أنا ساكتٌ والشِّعْرُ مَنْ يَتَكلّمُ

يا ذئبُ ما لَكَ! لسْتَ ما عوّدْتَنِي

أَتَخافُ منهمْ أمْ تخافُ عليهِمُ

هل كان حظَّكَ أنتَ؟ أمْ حظِّي؟ كِلَا الْـ

ـأَمرينِ في نظَري سرابٌ مُحْكَمُ

لو كنْتَ جرّبْتَ الغيابةَ مرّةً

لَأضفْتَ للتّحقيقِ شيئاً يُفْهَمُ

يا ذئبُ ثِقْ أنّ البراءةَ فكرةٌ

فضفاضةٌ إلّا إذا عُرِفَ الدَّمُ

بالنّسبةِ لي

سوفَ يُصفِّقُ لي
إنْ كانَ الحُكْمُ بتبرئتي ممّا اتّهمتْني الأيّامُ بِهِ..
وإذا أُجِّلَ هذا الحُكْمُ ولم يتأكّدْ من أنِّي للآنَ بريءٌ
سَيذوبُ وتبتلعُ الأرضُ بقيّتَهُ..
وإذا قيلَ: "حَكَمْنا بالسَّجنِ"
يُصفِّقُ أيضاً..
حتّى لو بالأشغالِ
وحتّى لو كان السَّجنُ إلى أبَدٍ أكبرَ منْ عُمري سوفَ يُصفِّقُ..
لو قيلَ بإعدامي حتّى الموتِ
وقيلَ: "تَمَنَّ قُبيلَ الإعدامِ"

سيدخلُ في رأسي ويُحاصرُ ما أتمنّى
ويناولُني ولاّعتَهُ
لأُدخِّنَ آخِرَ ما ادّخرَتْ رئتي من أعقابٍ مستعملةٍ
بعدَ قليلٍ تقطِفُني مَشنقتي
يبدو أنّي أحسنُ حالاً مِنْ قبلِ قليلٍ
وبحُكْمِ العادةِ
صفَّقَ قبلَ الإعدامِ
وبعدُ يُصفّقُ..
ليسَ عدوّي
لكنَّ لديهِ ملفّاتٍ من أسرارِي

ولديهِ -بخطِّ يدي- كومةُ أشعارٍ كنتُ أجرِّبُها قبلَ النشْرِ
لديهِ عناوينُ جميعِ الفتياتِ -وقد كنتُ فتيّاً- وأنا أستُرُهنَّ
إلى أنْ صرْنَ علاماتٍ فارقةً في وجهِي..
ليس عدوّي
لو صفّقَ ما صفّقَ ليس عدوّي
ليس سعيداً أنّي محكومٌ بالإعدامِ عليَّ..
فكمْ عطّلَني وأنا أتربّصُ بِي كيْ أقتلَ نفْسِي..
ليس عدوّي
وتأكّدْتُ كثيراً
أعرفُهُ أكثرَ من زوجتِهِ

أتمثّلُهُ أكثرَ ممّا تتمثّلُهُ ابنتُهُ

وأُدافعُ عنهُ إذا نودِيَ بالمجنونِ

أدافعُ عنهُ إذا حُمِّلَ مسؤوليّةَ أنّ النّمْلَ كثيرٌ في منزلِهِ

وإذا اتّهموهُ بأنَّ العُقدةَ في المِنشار بفضلِ طبيعتِهِ الصعْبةِ

أُبطِلُ رؤياهم وأدافعُ عنهُ

فليس عدوّي

بلْ وكأنّا متّفقانِ تماماً

يشبهُني وأنا أكرهُ أنْ يُظْلَمَ

يبكي وأنا للتوِّ مسحْتُ دموعي بمناديلِ العِشْرةِ

يُشبهُني

وأنا أشبهُهُ حيثُ أُصفّقُ لي أيضاً دونَ مناسبةٍ
وأُصفّقُ لي وأنا متّهمٌ بالشِّعْرِ
ومهْتمٌّ بالتّهمةِ دونَ سواها..
أُسجَنُ أُعْدَمُ
يحدثُ ما يحدثُ
أطلُعُ منها مثلَ الشَّعْرةِ
ما دامَ الحالُ عجيناً قبلَ حصادِ القمحِ أساساً..
سأُصفِّقُ لي
ليسَ عَداءً
لستُ مِن المرضى النفسيّينَ

وإنِّي الآنَ حقيقيٌّ
وإن اختلفَ الكفُّ وصارَ التصفيقُ مجازيّاً..
لسْتُ غريباً عنِّي..
فأنا وأنا ممنوعانِ
شجاعانِ
وحُرّانِ بدونِ استغلالٍ للحريّةِ
محسوبانِ على الوطنِ النازحِ ممّا عذَّبَهُ الشيطانُ
وممّا باعوا منطقَهم للشيطانِ..
لقد صفّقتُ لبعضِ الخيبةِ
حينَ رأيتُ القُضبَانَ تَفِرُّ

وتتركُني في ظلماتِ السِّجْنِ وحيداً
لكنِّي الآنَ حقيقيٌّ
لا أتمارضُ أو أتأفَّفُ
لا أتهرّبُ.. لكنِّي أشتاقُ إلى القُضبانِ
فما أوحشَ هذا السِّجْنَ المفتوحَ!
وما أصعبَ أنْ أرجِعَ حُرّاً!
ليتَ مزاجي يسمحُ بالحريّةِ
ليتَ الحريّةَ تعرفُ أنّي مشغولٌ بالتصفيقِ لكلِّ فراغٍ
يتحمّلُني

أموال غير منقولة

عندي خمسُ رسائلَ
لمْ أقرأْها..
ذلكَ أنِّي أسلمْتُ إلى جهلِي
وتفاهمتُ معَ امرأتينِ على شيءٍ لمْ يُذكرْ
مِن بينِ خياراتِي المليونْ..

عندِي فستانٌ
أهداهُ صديقٌ لأبِي.. كان يُرجّحُ أنِّي أُنثَى
لكنِّي أفسدْتُ الطبخةَ
وتزوّجْتُ الآنَ من ابنتِهِ
لأُطلّقَها..

عندِي مِنفَضةٌ

لكنْ من دونِ سجائرَ

عندِي تبغٌ

لكنْ من دونِ حشيشٍ

عندِي أسبابٌ كي أفرحَ

لكنّ الأسبابَ مُصادرَةٌ..

عندِي حقٌّ

ودمي في المختبراتِ لإجراءِ دراساتٍ عن كيفيّةِ

تفكيرِي

والحقُّ يُقالُ،
ولكنْ لا أحدٌ ينطِقُهُ..

عندِي قصّةُ حُبٍّ
مِن دون زمانٍ ومكانٍ
تنفعُ للتأويلِ
وليستْ تُرضي عاشقةً تشعرُ بالبردِ على طرفِ النارِ
وبالخوفِ على بابِ المسرحْ

عندي مالٌ
يكفي الدولةَ حتى تقفَ على قَدَميْها
لكنِّي للحرص أُخبّئُهُ
كيْ لا تكسرَ تلكَ الدولةُ ساقِي..

عندِي وطَنٌ
غيرُ الدولةِ آنفةِ الذكْرِ..
وأنا شرعيٌّ جدّاً في صفْرِ الساعةِ
مثلَ الزيتِ أُمِدُّ مصابيحَ الأنفاقِ بما يُشعلُها
أو يُطفِئُنِي..

عندِي رِئَتانِ
وتكفِي واحدةٌ
فالصحراءُ أقلُّ نفوذاً من نَفَسي
وأنا أزرعُها بالآمالِ
وأعرفُ..
أعرفُ..
لوْ صارتْ خضراءَ ستكفرُ بِي..

مدائحُ الممْكن

إنِّي أحاولُ أنْ تُحبِّينِي
ولسْتِ قليلةً
أثبتِّ أنّكِ لسْتِ وَفْراً مُمْكِنَا

ولأنَّ أبوابَ المَجازِ كثيرةٌ
فكّرْتُ في أنّي وصلْتُ وكان بابُكِ نائماً
ولأنّ في جيبي دليلاً منكِ
يحدثُ أنْ أتوهَ
فأنتِ لسْتِ قليلةً
إلاّ إذا جئنا بسيرةِ حبِّنَا

منذُ انتبهْتُ إلى سؤالِكِ مرّةً:
هل باطنُ الأشياءِ يصبحُ ظاهراً؟
وأنا أحاولُ أنْ أصيرَ علامةَ استفهامِهِ، وأُجيبُهُ:
إنْ شاءتِ الأشياءُ يحدثْ أنْ نَرى قلبِي يحُطُّ
ورأسُهُ حجَرٌ ثقيلٌ فوقَ قلبِكِ..
إنّ هذا ظاهرٌ متواترٌ من باطنٍ
أو باطنٌ من أسرةٍ معروفةٍ بالموتِ من أجلِ الظهورِ
وأنتِ لسْتِ قليلةً
تَتبرّعينَ بِقصّتِي للطّارئينَ
وتمنحينَ لها -على عِلاّتِها- شرَفاً
لتصبحَ موطِنَا

إنّي أحاولُ أن تُحبِّيِني
ولسْتِ قليلةً
وكما أخبّئ عنكِ ما يبدو عليّ من الألمْ
تتظاهرينَ بأنّ فيكِ مُسكِّنَا..

أُعطيكِ كلَّ الليلِ
كلُّ دقيقةٍ من ليلِ هذا الكونِ
مرّتْ أو تأخّرَ دورُها
أُعطيكِ إيّاها
لأنّكِ نجمةٌ وأنا مجرّد كفّةٍ تَزِنُ العدَمْ

وتُفكّرينَ بما سيحدثُ للجنينِ إذا تورَّمَتِ الخطيئةُ
أنتِ لستِ قليلةً
تتصرّفينَ بحكمةٍ
ما دام عُودِي ليِّنَا

إنّي رهنْتُ حقيقتِي
كيْ تَسمحِي لِي بالخيالِ
ومرّةً

جرّبْتُ أنْ أنسى حدودَ الجُحْرِ
فاسْتعْملْتُ لدغتَهُ دليلاً ضدّ ذاكرتِي
وأذكرُ أنّني في مرّةٍ أخرى لُدِغْتُ
وكان نفسُ الجُحْرُ أعمَى
بعدما دقّتْ على رأسي طبولٌ من علاقتِنا
ولسْتِ قليلةً في المرّتينِ
ولا أنَا

بريد الغيب

من حُسْنِ حظِّ الحبِّ أنّي لا أُحِبُّ،
ولا أريدُ، ولن أُحِبَّ، ولن أُريدَا..
كلُّ الذي يبدو عليَّ من الغرامِ
لأنّني أُضطرُّ أنْ أبدُو سعيدَا..
من أينَ يأتي الحبُّ!
قلبُكِ راحلٌ في الحزنِ، لا يُغريه شيءٌ كيْ يعودَا..
وأنا امتنعْتُ عن التعلّقِ بالوعودِ، وبالكلامِ
فلنْ أُعيدَ، ولن أَزيدَا..
مِنْ سوءِ حظّيْنا سَعَيْنا خلفَ هذا الغيبِ
-مضطرِّينِ- نحسَبه وُجودَا..

ودُعيتُ فيما كنتُ مكسوراً وحيداً أنْ أعودَ،
وليس يمكنُ أنْ أعودَا..
من سوء حظِّيَ أنّنِي ضيّعْتُ عينيكِ
اللتينِ تُصيّرانِ العمرَ عيدَا..
أنِّي رحلتُ
وكلُّ أسمائي لديكِ
مُلقّباً بالحزنِ
مَنْسِيّاً فَقِيدَا..
أنِّي كتبْتُ قصيدتينِ
وحاولتْ إحداهما أنْ تجعلَ الأخرى بريدَا..

من سوءِ حظِّيَ أنّنِي والحبَّ متّهمانِ أنّا قد تجاوزْنا
الحدودَا..
أنِّي أحبُّكِ طالما ماضيَّ يقتلُني.. وليتكِ قلتِ لي شيئاً
جديدَا..
من حُسْنِ حظِّ الحبِّ أنّي لا أُحِبُّ، وأنّني قرّرْتُ أنْ
أبقى بَعيدَا..
وأَبُلَّ ريقِي من مشاعرِكِ التي سَوَّيْتُها شَعْباً
وسَوَّتْنِي وحيدَا..

أقارب

لي إخوةٌ
ماتوا من البردِ الشّديدِ
وفي ظروف السِّلمِ كنّا عندما ماتوا
فلا حربٌ لكيْ يتدفؤوا منها
من البردِ الذي يبدو خبيراً بالقرى ماتوا
ومنهم واحدٌ
قد ماتَ مخنوقاً
ومشتاقاً إلى رئتيهِ
كنّا وقتَها في الحربِ
تحت النارِ صلّينا لكلّ الدفءِ

واستعجلْتُهم لأراهُ آخرَ مرّةٍ
لكنّه مثلِي تَعَجَّلَ
كي يُتمّمَ يومَه في المقبرهْ

لي زوجتانِ
وكان هذا الأمرُ في الماضي
ولكنِّي أُشيرُ إليه في الشِّعرِ الحديثِ
لكيْ يُنبّهَني إلى الميزان بينهما
أخونُهما بدونِ خيانةٍ
أُصغِي إلى إحداهما في ليلةِ الأخرى

فأكرهُها

وأكرهُ أنّ لي سمعاً أساساً

قبلَ أنْ أخلُو إلى حرّيّتِي المستعمَرَهْ

لي جدّةٌ

كلُّ النساءِ العالياتِ علَوْنَ في عُكّازِها

ومؤخَّراً ماتتْ

فَمالَ وراءَها العُكّازُ

أدركَ أنّه شبحٌ وحيدٌ حين لاحظَ أنّه بينَ المعزّينَ

الرجالِ

وكان مرميًا وراءَ البابِ
يشبعُ من عبارات العزاءِ
ولا عزاءَ لهُ وراءَ البابِ
ثمّ سمعْتُ من بعض المَوالي أنّه شيءٌ كبيرٌ في الحياةِ
الآخِرَهْ

لي زوجةٌ
غيرُ اللتيْنِ أتيتُ ذِكْرَهُما
أُقدِّسُها
وقد ضيّعْتُ ما لو كان أندلساً لعينيْها

وها إنّي ضريرٌ هذهِ الأيامَ
أسكُن في العراءِ
مُحمَّلاً بالمغفِرَهْ

وَلِيَ ابْنةٌ
حمّلتُها اسمِي
رغم أنّ اسمِي عضيبٌ
إنّما حَمَلتْهُ واثقةً بهِ
وتأخرّتْ حتى يراه الناسُ
ليس لأنه حجرٌ تأخّرتِ ابنتي

يَرضَى عليها اللهُ
آنسةٌ
ووحشيٌّ جميعُ الخلقِ
حاضرةٌ وقد غابَ الذين أحبُّهم
يَرْضى عليها اللهُ
ما زالتْ تلقّنُنِي الخيالَ
أسيرةً ومُحرَّرَهْ

لِي مِن ذوِي القُربى كثيرٌ
لستُ أَذْكرُهم بما فيهمْ
لِئلاَّ ينفرَ الشِّعرُ الحديثُ من التقاليدِ القديمةِ
لستُ أذكرُ بعضَهم حيناً.. لأنّي قد نسيتُ
وتارةً أخرى؛ لكي لا أخسَرَهْ..

سما

قلبي من الحزن الطريِّ
ونبضُهُ أوتارُ عودٍ في يدَيْ أمّي
وأصحابي الدُّمَى..
أبكي كما تبكي الشُّجَيرةُ
دمعتِي طلٌّ
وخدّي وردةٌ حمراءُ بلّلَها الندى
فتبسّما..
عيناىَ خارطتانِ من بُنٍّ
تَأَلَّقَتا على شبرٍ من الوطنِ
الذي ما صحَّ إلاّ حين صارَ مُخيّمَا..

وجهِي حكايةُ ضفّتيْنِ على جفاف النهر تجتمعانِ
تنتظرانِهِ ليبلَّ ريقَهما
فَمي..
ما كنتُ أعرفُ أنّه سيجيءُ يومٌ
حين تنفتحُ الورودُ على مُحيّانا نُسمّيها فَمَا..

وأنا أنا
عودٌ صغيرٌ في يدَيْ أمِّي
وأُطرِبُ روحَها
فتطيرُ للأعلى

وأصبحُ سُلَّمَا..
وأنا أنا
حلُمٌ تأجّلَ مرّةً
وتكشّفتْ كلُّ الدروبِ أمامَهُ
فاسْتسْلمَا..

قد كان يؤلمُني النعاسُ ولا أنامُ
لأنّني أهذي من الألم الذي يشتدّ في رأسي
أظلُّ كما أنا صحواً
أُحيطُ بكلّ ما هوَ خارجِي

أعلُو على كينونتِي

لا شيء من فوقي

لأنّ اسمي (سما)

نفْسي وراءَ الباب

كي لا يظلَّ لحضرتي

أثرٌ هنا

في غرفتِي

غطّيتُ رائحةَ الورودِ

وعادةً ما كنتُ أُعلنُها

ولكنِّي أمامَ النحلِ قد غطّيتُ إعلاني..

ومرّتْ نحلةٌ قربَ الفِراشِ.. سحبْتُهُ

غطّيتُ وجهَكِ بالدّلالةِ من هنا

فتكشّفتْ قدماكِ شيئاً من هناكَ لكيْ أراها..

كنتُ منشغلاً

أظنُّ بأنّني شبحٌ
وكنتُ هربْتُ من نصٍّ مُعَدٍّ مُسبقاً
حُرّاً كأنّي لفظةٌ
قد أهدرَتْ دمَها المعاجمُ
بعدما ابتلعَ الولِيُّ لسانَهُ في نُطقِها
والقصْدُ تاهَا..

ها أنا
وأقولُ شيئاً
-قد يُغيّرُ في القضيّةِ-

عندما تأتينَ
تكتظُّ المساحةُ بالحقيقةِ
والحقيقةُ لا تجوزُ على لساني -أنتِ قلتِ-
ولستُ أكسرُ قُبلةً
جبّرْتُ ما جبّرْتُ من قصصٍ مكسّرةٍ
لألقاها..

وحتّى لا يظلَّ لحضرتي أثرٌ
توقّفَ نبضُ قلبي
كان متَّفَقاً على هذا التوقّفِ

لمْ تكنْ إلا ثوانـيَ حين عادَ النبضُ
صرتُ متاهةً
غطّيتُ شيئاً من وضوحِي
لمْ تكنْ إلا ثوانـيَ
ثمّ فرَّ النحلُ
ذلكَ أنّني صرْتُ اشتباهَا..

لن يظلَّ لحضرتي أثرٌ
لأنِّي نلْتُ من عينيكِ حظّاً وافراً ببساطةٍ
ثمّ استعنْتُ بعُقدةٍ بين الشّفاهِ على قضاءِ حوائجِي

حضّرْتُ موسيقى معيّنةً.. وأقصدُ
ثمّ لمّا ملَّ منّا السمْعُ
عَطّلْنا أصابعَنا
وألّفْنا سواها..

ليس يُعقَلُ أنْ يظلَّ لحضرتي أثرٌ..
طبقْتُ البابَ
ليتكِ تفتحينَ
وراءَ بابِكِ وردةٌ قبّلْتُها
وتركْتُها تندى وما باركْتُ

ليتَكِ تفتحينَ لكيْ أراها..

إنّ لي نفْساً وراءَ البابِ

أنتِ فجورُها..

ويجوزُ تقواها

أكثريّة

لليائسينَ من الحياةِ مهمّةٌ
غير البقاءِ بحوزةِ المتفائلينَ
مهمّةٌ أخرى
هيَ الانتحارُ الحرُّ
في وجه الأملْ

لليائسينَ حياتُهمْ
يتفاهمون مع الطبيعةِ بالإشارةِ
يُوجعون رؤوسَهم بالبحث عمّا يجعلُ الأحلامَ ممكنة
في حين أنّ النومَ أمرٌ مستحيلٌ..
والمحاولة التي قد تنتهي بالنومِ أمرٌ لا يُمَلّ

اليائسونَ أحبّتي في اللهِ
يُضطرّون مثلِي للنجاةِ
من الأكاذيبِ الكثيرةِ في حياةِ الآملينَ
ويدفنونَ الكونَ إكراماً لزاويةٍ تُحذّرُهمْ
من الأملِ الفسيحِ
اليائسونَ أحقٌّ بالدنيا
وهُمْ أَولى بها ممّن سواهمْ
ليس في قاموسِهم أمرٌ جَلَلْ

اليائسونَ أحبّتِي

وأنا حبيبُ اليائسينَ

لأنّهمْ لا يخرجُون من القصيدةِ بانطباعٍ ثالثٍ

غيرِ التعجّبِ

والمَللْ

نيران صديقة

كيف يكُونُ الموتُ ضئيلاَ؟
يخطرُ في بال الأحياء كثيراً يتمنّوْن الموتَ
ويُشفقُ بعضُ الموتِ على بعضِ الأحياءِ
ويبذُلُ جهداً في التفكيرِ بِلَوْ ماتوا لارتاحوا..
ولأنّ التفكيرَ يُربِّي البذرةَ ويراقبُها
وَهْي تُفرّخُ غاباتٍ
وتؤسِّسُ عائلةً..
لا بدَّ سيتعبُ هذا التفكيرُ
ويصبحُ رغم الغاباتِ ضئيلاَ..

قالوا: أنتَ شديدُ الأسفِ الآنَ
على ما ضيّعْتَ من الحكمةِ حين
شهدْتَ على أنّ النيرانَ صديقهْ..
كيف يكون شديداً هذا الأسفُ
الآسفُ في العادةِ ذو طبعٍ رخوٍ..
هل يُعقَلُ أنّا ننظرُ للنارِ على أنّ النارَ عدوّتُنا
فنربّي في البيتِ عدوَّتَنا!
وإذا ما نالتْ مِنْ أحدٍ منّا
قُلنا: إنّ النارَ صديقتُنا
لا تحرقُنا إلاّ لِنُضيءَ الخيباتِ مُطاوَعَةً وقَبولاَ..

أنتِ نسِيتِ كثيراً ممّا كان الأَوْلى أنْ يُتَذَكَّرَ
أنتِ على حقٍّ،
لكنّ صداعاً نصفيّاً حقّقَ ثروتَهُ من نِصْفَيْنا،
ويُحَرِّمُ أنْ نَتَعَدَّاهُ قليلاَ..
أنتِ تذكّرْتِ
وهذا -واللهِ- لَفَضْلٌ لا أحصرُهُ
لكنّكِ حاصرْتِ الماضِي
وقطعتِ عن الماضي ما كان سيكفي أنْ نَشْهدَهُ اليومَ
فجفَّ وماتَ،
ولنْ يعرفَهُ أَحَدٌ لِيُذَكِّرَنا كمْ كانَ الأمسُ جميلاَ..!

يا دال

في كلِّ يومٍ أنتِ فيهِ
أعودُ في عمرِي إلى حيثُ التقينا
عندما كنتِ المسافةَ صوبَ ما أَلوِي عليهِ
وكنتِ وارفةَ الظِّلالْ..
فدقيقةٌ معَ صوتِكِ المائيِّ
تُطفِئُ كلَّ ما في العمرِ من نارٍ وألسنةٍ طِوالْ..
حيثُ التقينا
عندما كنتُ انتصارَكِ للحقيقةِ
لمْ يكن شيءٌ حقيقيّاً سوايَ

وأنتِ عارفةٌ بأحوالِ الحقيقةِ في البلادِ
وكيفَ يمكنُ أنْ تُقالْ..

في كلِّ يومٍ أنتِ فيهِ
أعودُ في عمري إلى حيثُ التقينا
عندما كانَ الخيالُ كفافَ يومِي
عندما كنتِ الوحيدةَ
مَنْ تذكّرُنِي بهِ
مِنْ بينِ مَنْ أنسينَنِي طعمَ الخيالْ..

حيثُ التقينا
مثلَ أبناءِ الشوارعِ
لا بيوتَ تضمُّنا
لكنّ صوتَكِ دافئٌ
يُغْنِي عن التفكيرِ في بردِ الهمومِ
وأنتِ أجملُ مَنْ يُقصّرْنَ المهمّاتِ الطّوالْ..

في كلِّ يومٍ أنتِ فيهِ
أطيرُ من فرَحِي

لأنِّـي قد أزورُ قصيدتِي
تلك التي غنّيتِها
فجعلتِها فرضاً على كلِّ الغيومِ
إجابةً مُثْلَى
لِمَنْ يتساءلونَ عن الجمالْ..

حيثُ التقينا
كي أقولَ قصيدتِي تلك التي غنّيتِها
فتجمّعتْ كلُّ القصائدِ في فمِي
واشتدَّ عودُ الشِّعرِ
وانفرطَ السّؤالْ..

في كلِّ يومٍ أنتِ فيهِ

وكلِّ يومٍ لسْتِ فيهِ

أصيرُ بيتاً في القصيدةِ

طالما هي رَشفَةٌ أسقيتِنيها

فارتويتُ وذابَ قلبي

عاد لي صوتِي الخفيفُ

وراءَ غصّاتِي الثقالْ..

حيثُ التقينا

نجمةً تأوي لشاعرِها

وينطفئانِ إنْ سمحَ المجالْ..

وأريدُ منكِ إذا جلسْتِ اليومَ قُربِي
أنْ نعودَ كما التقينا أوّلَ الحبِّ الأخيرِ
كما التقينا
مثلَ أيِّ اثنينِ عاديَّينِ
يحترمانِ ما اتّفقا عليهِ من القتالْ..

فضـاء الخيـمـة

ها قدْ قلبْنا صفْحةً
كانتْ ستخنُقُنا
قلبْناها على رأسِ الحكايةِ
واعترفْنا أنّنا كنّا نطالعُها على مضضٍ
ولكنْ كيْ يُقالَ: مثقّفانِ
وقيلَ: محترفانِ في قلْبِ النوايا
رغم أنّا ثابتانِ وما قلبْنا صفْحةً
غيرَ التي كانتْ ستخنُقُنا..

وماذا

لو على البدويِّ أنْ ينسى الرحيلَ!

هناكَ زرٌّ واقفٌ في الحلْقِ

هذي عقدةٌ أُولَى

تُحَلُّ

وبعدَها سيُراجعُ البدويُّ عادتَهُ:

إذا ضربتْهُ شمسٌ

ردَّ صفعتَها

أعدَّ لها الكواكبَ

لا يخافُ من النجومِ

ويعشقُ الصحراءَ

كاملةً

وواضحةً

ويسعى للجنوبِ

بِدون أزرارٍ تُواري رَبْوتَينِ تُدلّلانِ على الجنوبِ..

وغزوةٌ تكفِي

لكيْ يتحرّكَ الشَّلَلُ الذي في الرّملِ

ذلكَ أنّها صفةُ الجنوبيّينَ

أنْ تبقى البلادُ هي الجنوبْ

دُكّان القصـائد

هذا النّصُّ طبيعيٌّ
إلاّ أنّ اللافتَ فيهِ صَلاحيّتُهُ
إذْ يُمكنُ أنْ أكتبَهُ بعدَ سِنينَ
ويُمكنُ أنْ أقرأَهُ قبلَ دقائقَ
ذلكَ أنّ المفتاحَ بِجَيْبِي
وثقيلٌ هذا المفتاحُ عليَّ
ولا بدّ لِمَنْ عَلِقُوا في الخارجِ أنْ أُدخلَهمْ
وأنفِّذَ ما أوصانِي الليلُ بِهِ
فالليلُ يُفصِّلُ؛ كوني لا أَلْبَسُ غيرَ مَقاسِ الليلِ
وأبقى عُريانَا..

هذا النصُّ قديمٌ
وإذا صحّتْ ذاكرتِي
أقْدَمُ مِنْ يومِ وقوعي في مِصْيدةِ الشِّعْرِ
ولكنّي أنشرُه اليومَ لأنّ الأمرَ ضروريٌّ
مُتّفقٌ بينَ الأهلِ عليهِ
وأنا أخشى ألاّ أنشرَهُ
ما دامَ الليلُ بحاجتِهِ
ولكيْ لا أَتّهِمَ الليلَ بما ينقصُهُ
سأُوفِّقُ بينَهما
وأُركِّبُ من هذا التّوفيقِ مُصادفةً

حيثُ يمرُّ النصُّ أمامَ الليلِ بكلِّ غوايتِه
ينطفئُ الكونُ
ويُسمَعُ صوتٌ
يُفهَمُ مِنْ هذا الصوتِ بأنّ لدى النّصِّ لسانَا..

هذا النصُّ قصيرٌ
لولا أنّي أقصرُ منه
لما دوّنْتُ ملاحظةً بخُصوصِ الطُّولِ
وبالِي أيضاً أقصرُ منه..
سأجلسُ فوقَ البالِ لكيْ نتَساوَى

ولكيْ أتذوّقَ أنفاساً حامضةً
وأُميِّزَ من أيّ رئاتِ الليلِ يفوحُ الحزنُ
وكيفَ يُقصِّرُ قامةَ نَصٍّ ما زالَ يُحاولُ أنْ يتدرّجَ
حتّى يصبحَ مسؤولاً عن كاتبِهِ
ولِيشْرحَ صدرَ الليلِ
لِمَنْ لا يملكُ في الليلِ زماناً وَمَكانَا..

هذا النصُّ حلالٌ
وأنا لا أعرف كم يُدفَعُ للناقدِ حين يُحرّمُهُ
وكذلك لا أعرفُ ما فائدةُ الشِّعْرِ

ولكنّي أتجسّسُ في الليلِ على شاعرةٍ
تقطعُ وعداً للكلماتِ
بأَنْ تسْتأهِلَها الفكرةُ
هذا في حالِ أُتيحَ لها التفكيرُ بما يتفاجأُ منه النّهرُ
إذا غيّرَ مجراهُ وأَصبحَ إنسانًا..

هذا النص شقيٌّ
ولأنِّي أشقَى من نصٍّ يزحفُ في الطّينِ
سأُعلِنُ أنِّي بعدَ الموتِ أُوَرِّثُ هذا الطّينَ
لأعرفَ ما فائدةُ الشِّعْرِ

وأَدفنَ أسرارِي
وأَزُفَّ الإعلانَا..

هذا النّصُّ مفيدٌ حينَ أَمَلُّ من القبرِ
-بلا فخْرٍ-
سَأُحَضِّرُ حفلاً للتّوقيعِ على ديوانِي
وأُفَرِّقُ حلوى الموتِ على مَنْ جفّتْ
وهْيَ تُرطِّبُ هذا الدّيوانَا

الفهرس